AF193180

1

MIENTRAS VIVO
...SUEÑO

Primera edición: mayo 2024

Depósito legal: **AL 1230-2024**

ISBN: 978-84-1073-400-5

Impresión y encuadernación: Editorial Círculo Rojo

© Del texto: Julia García Torralba
© Maquetación y diseño: Julia García Torralba
© Fotografía de cubierta: Equipo de Círculo Rojo

Editorial Círculo Rojo

www.editorialcirculorojo.com

info@editorialcirculorojo.com

Impreso en España - Printed in Spain

Lo bonito de la vida es coser sueños, bordar historias y desatar los nudos de nuestros días.

Cidinha Araújo

6

A todas aquellas personas que luchan por conseguir sus sueños y mejorar el mundo.

INTRODUCCIÓN

La vida de cada uno de nosotros va ligada siempre a nuestros sueños, es decir, objetivos a conseguir que muchas veces los hacemos compromisos, de tal manera, que no cesamos hasta lograr lo que queremos, la mayoría de las veces con muchísimo tesón y esfuerzo. De esta forma se va añadiendo valor y mérito a nuestro trabajo diario, te vas sintiendo satisfecho al hacer lo que el corazón va dictando y la felicidad llega a ocupar espacios en el tiempo.

Otras veces, los sueños los buscas para evadirte de la realidad, para no sufrir demasiado, para evitar la depresión. Todo aparece oscuro, triste, monótono, incluso hostil. La ciudad, con sus prisas y su contaminación, cansa profundamente. El trabajo de cada día puede generar un hastío amargo que insensibiliza el alma.

La mente, para ayudarnos, empieza a soñar y a imaginar lo que podemos hacer para salir del túnel: salir de casa, de la ciudad, viajar a sitios lejanos, adentrarnos en la naturaleza…

¿Quién no ha soñado con la paz en el mundo? ¿Quién no ha soñado con estar cerca de la persona amada?

Los sueños imaginados pintan un mundo hermoso, sin enemigos, sin tensiones, sin amargura, sin odios en el corazón…una ocasión para que brillen esas cualidades que tenemos escondidas.

El mundo idealizado no existe, pero a ratos, estos sueños nos pueden ofrecer aspectos positivos que teníamos olvidados y nos ayudan a relajarnos. La mente podrá sernos útil en este aspecto.

También, los sueños se presentan cuando dormimos y, a veces, se ven las imágenes tan nítidas y las conversaciones parecen tan reales que creemos que lo que ha pasado en el sueño lo hemos vivido de verdad. En cualquier caso, este tipo de sueños, puede ser un indicador claro sobre los sentimientos y anhelos más profundos que presenta cualquier ser humano. Se ha demostrado que la aparición de ciertos elementos en los sueños está vinculada a la existencia de unas determinadas emociones en la vida real.

Otra actividad propia de nuestra mente es adentrarse con facilidad en los recuerdos. Normalmente nos gusta recordar lo bueno, lo alegre, lo positivo, ya que revivimos lo pasado y nos hace felices. Por el contrario, ponemos todo el empeño en olvidar lo que nos hizo daño.

El proyecto de este libro comenzó a raíz de un poema dedicado a Jorge Manrique en mi último libro titulado **CON VERSOS PRESTADOS.** Elegí el verso <<Nuestras vidas son los ríos…>> para crear un poema nuevo y el resultado final resultó estar ligado con los sueños de conseguir nuestros deseos y objetivos; es decir, nuestros sueños mientras vivimos, que se hacen posible, a menudo, por nuestra capacidad de esfuerzo para mejorar todo aquello de nuestro alrededor dentro de nuestras capacidades y posibilidades. El resultado está presente…este libro es otro sueño cumplido.

Al final del libro existe un apartado de Haikús. Quien ha leído el poemario **AMOR EN VERSO** conoce mi gusto por crear este tipo de poesía basado en la contemplación Con muy pocos versos, se puede transmitir mucho.

Por último, quiero agradecer a cada persona que lea este libro su interés por compartir sueños, sentimientos y emociones ya que, en algún momento de la lectura, pudiera ser así.

El alma tiene ilusiones, como el pájaro alas.
Eso es lo que la sostiene.

Víctor Hugo

ORIGEN

Nuestros sueños...En honor a Jorge Manrique

<<**Nuestras vidas son los ríos**>>
que alimentan nuestros sueños.
Los sueños se van formando
mientras caminas despierto.
Despierto vas construyendo puentes,
que te van sirviendo
para cruzar esos ríos
con los cauces muy revueltos.
A nado es imposible.
La corriente lleva adentro
de la mar brava y profunda
con peligro y desconcierto.

A veces, los puentes se fabricaron de barro.
No aguantaron ni el intento
de pisar firme su base
ni de caminar atento
al horizonte cercano
donde habitaba ese sueño.

Se derrumbó algún que otro puente.
Se trastocó algún que otro sueño.
Se alcanzaron muchas metas,
por eso, sigues viviendo.
Y, luchando por lo que amas
llegarás siempre a buen puerto.

MIENTRAS VIVO… SUEÑO

Página en blanco

Te encontré solitaria
y, te cogí pensando
en escribir mis sueños
sobre tu delicado cuerpo terso, suave, blanco…
presto para mis palabras
de ilusiones no perdidas
en el otoño incierto de mis muchos años.

Caminar… camino
dejando mis ligeras huellas en la tierra,
marcadas tras la vida y el trabajo.
Soñar… sigo soñando
con alejar tristezas y heridas que duelen tanto,
que curar, se curan con gran esfuerzo
y enterrando aquello que me hizo daño.
Perdonar… a veces cuesta,
siempre se procura y el corazón,
tras hacerlo, descansa aliviado.
Olvidar… es tan difícil;
mas, si en verdad se ama,
el tiempo se encargará de borrarlo.

Soñar…
Soñar y vivir…
Vivir soñando y haciendo el camino
mientras Dios lo quiera y pueda contarlo.

Hilvanando sueños y vida

Cada huella es un paso en el camino
donde azar y tristeza se entremezclan.
Voy hilvanando los sueños con la vida
y haciendo atuendos que guarden nuestra fuerza.

Ayer me regalaste una sonrisa
y la bordé en la retina de mis ojos.
No quiero ver tu cara triste o afligida,
quiero alejar del amor cualquier enojo.

Poder soñar…
Es parte de la vida que deseo,
borrar huéspedes que habitan
en lo más profundo de vacíos pozos,
prestándose a esconder lo que es amado
y a cambiarlo por aquello no deseado.

Sueños de vivir con alegría.
Vivencias al ir buscando lo soñado.

Sin recuerdos

Pensando en lo que mi alma anhela
y lo que busca mi espíritu cansado,
me encuentro con mucho que cambiar quisiera
en este momento de mi vida, aciago.

Los ojos fijos en el horizonte,
su mirada ausente.
El rostro ya no es tan terso
como los pétalos de una flor temprana.
La miré y la miré mil veces.
La grabé en mi memoria para no olvidarla.
Sin embargo, ella lo hizo,
ya no se acuerda de que la quería,
de que la besaba.
Sigue perdida su mirada.
Olvidó que me tuvo en su vientre,
de que me abrazaba,
de que soy su hija,
de que me adoraba.

Y sueño en la noche con otra mirada,
con sus ojos verdes
llenos de alegría y de vida
sin necesitar palabras.
Sueño con algo imposible.
Lo sé.
Mas, soñando se calma mi alma.

Sueña, mi niño

Un hada silenciosa ha llegado
montada en la estela de una misteriosa estrella.
Me susurra al oído melodiosas palabras
mientras se acoplan a las notas aladas
de una música, que a lo lejos suena,
mezcladas con el sonido del viento en la noche
fresca.

Ahora el hada sonríe
y me fijo en su pelo rubio, ondulado, suave…
resplandeciendo bajo una luz tenue
que ilumina la estancia cálida y bella.

Oigo su canto
dedicado a mi precioso niño
que duerme y descansa
en su cuna azul con sábanas blancas.

Duerme, hijo mío.
Duerme y no temas,
que un hada ha venido
para hacer que duermas
entre cantos de nanas,
sábanas blancas y manos de seda.

Duerme, mi niño.
Duérmete y sueña.

Quiero alejarme

Quiero alejarme de tanto ruido
y me aíslo soñando con un mundo bello
cuajado de paz,
repleto de árboles,
de pájaros en alegre vuelo,
de cristalinos ríos,
de horizontes encendidos
y de suaves vientos.
Palmeras calmando el sol
del estío a media tarde.
Los niños felices jugando,
sin prisas, en medio de la calle.

En mi casa… sola.
¡Suspiros al aire!
Abro la ventana y contemplo
el cielo vestido de azul,
las nubes de mármol.
¡Qué hermoso paisaje!

En mi interior rebusco.
Y me encuentro.
La mente… despierta,
el ánimo… dormido,
los ojos… expectantes,
sin ritmo los latidos del corazón de mi cuerpo
que, vivir quiere, sin tener motivo.

No quiero soñar con ser sol, ni luna,
ni siquiera una estela de luz.
Sólo quiero verte,
tenerte cerca,
mirarme en la miel de tus ojos,
adentrarme en ellos y descubrir
el misterio que de mí te aleja.

¿Soñar?
¿Qué consigo?
¿Alejar la pena?

¡Sería perfecto vivir sin soñar
si contigo estuviera!

Poderosa *mente*

Imaginando.
Soñar despierto.
Recordar lo vivido…

Poderosa *mente*.
Ágil pensamiento
capaz de lograr
conectar mi alma con el universo.

Para que seas feliz

Cubriría la nieve blanca con alas de mil colores.
Mariposas de arco iris
revoloteando entre los copos.
Baile en la mañana temprana y fría
que aporta la alegría
perdida por la ausencia del color.
Contemplaría tus ávidos ojos ante el espectáculo.

Traería la suave brisa del mar
cuando el ocaso llega
en las tardes calurosas de verano,
para que refrescase tu rostro
y, poder acariciar tu piel
sin que notaras el roce de mis manos.
Podría disfrutar de tu tierna sonrisa
mientras nos miramos.

Te llevaría volando
entre las estrellas de una noche clara,
presenciar la belleza del universo infinito,
verte brillar con esa luz radiante,
especial ante mis ojos.
Y lucieras…
como la estrella más refulgente que existiera.

Miedos

Rayo claro de luna,
mudo testigo de mis miedos en la noche,
que intentas dar un poco de luz
en la inmensa oscuridad que nos rodea.

Ando perdida.
El aliento me falta.
La tristeza llega de compañera.
La esperanza ya no aguanta.

¡Qué daría por ver el azul del cielo en este instante!
Por eso sueño.
Porque revivo al alba.
Brillantes colores pintan de nuevo la mañana.

Las tinieblas se disipan.
La alegría me acompaña.
La esperanza regresa.
¡Mi amiga del alma!

¡Qué sería yo sin ella cada mañana!

¿Fue todo fantasía?

Hoy he vuelto a tenerte entre mis brazos
a la orilla del mar, sobre la arena,
el agua plateada contemplaba
la cara de la luna y las estrellas.

El sonido del mar era la música,
la brisa acariciaba nuestra piel,
sonrisas en los labios se quedaron,
miradas tiernas en un nuevo amanecer.

¡Oh, Dios! ¿Fue todo fantasía?
No es posible.
Lo abracé.

Mi realidad fue tan sólo un sueño.

Se fugó la noche,
me sorprende el día,
perlas en los ojos,
vuelve la agonía,
el corazón se ha roto,
ya no hay fantasía,
tan solo…
alejó un rato mi melancolía.

Se alarga la noche

La noche y el silencio se alargan en el tiempo,
el recuerdo y la nostalgia me aprisionan,
la distancia interminable aumenta mi añoranza,
la ausencia del amor es miedo a todas horas.

¿Qué he de hacer para recobrar la aurora blanca
que ahora se esconde tras las oscuras sombras?

La espera es un fruto amargo que no quiero.
Anhelo un corazón que escuche la queja de mi llanto
y no me niegue la dicha que deseo
de estrechar un amado cuerpo entre mis brazos
y besar unos labios dibujados por mis manos
con caricias ideadas en mis sueños.

La noche y el silencio siguen lentos sus caminos
mientras la calma va llegando al pensamiento.

Nacerá pronto la luz.
Y, el fresco rocío de la mañana
despertará en mi ánimo
las ganas de un nuevo intento.

El camino

A veces me encontré perdida entre callejuelas.
Otras, pensé que la senda elegida
era larga, abrupta, empinada, estrecha,
mientras llegaba a la meta.
Las fuerzas me fallaban
y me faltaron muletas.

Pasadizos oscuros,
bosques en tinieblas,
tormentas furiosas
del alma en la espera
de conseguir lo que ama,
de conseguir lo que sueña.

Elegimos el camino,
la calle, el abismo,
la cima, la senda.
¡Cuántas veces dijimos!:
Me equivoqué.
No era lo que soñé.

Siempre, superar el fracaso
aunque se tropiece en la misma piedra.
Fortalecer el alma.
Dar valor a la búsqueda y a la entrega
donde se esconde el amor
aunque no se vea.

Los sueños en la vida cuestan.
El azar pocas veces los trae por sorpresa.

Caminar… viviendo y soñando.
Lograr nuestros sueños
llegando a la meta.

Mente caprichosa

La mente se me ha vuelto caprichosa
queriendo engañarme por momentos.
Mas, no dejo pasar al pensamiento
la idea de que pueda hacer tal cosa.

No acepto poner a mi alma ansiosa
y para ello hago un juramento:
ir atenta buscando el argumento
para salir, siempre que pueda, airosa.

El engaño tiene la vida corta,
tras un tiempo sucumbe a la verdad
y es visible lo que quiso camuflar.

El nerviosismo nadie lo soporta.
Lo podemos intuir con claridad
prefiriendo un hermoso despertar.

El vuelo.

La mente inicia el vuelo.
El pensamiento no descansa.

Ave caprichosa buscando cobijo
entre otras ramas de árboles fantasmas
porque crees que serás feliz si de aquí te alejas,
si no piensas que no te ama.
Vuelo incesante, porque estás segura
de que se logran sueños imposibles
si se trabajan,
si pones todo tu empeño,
si anhelas lo que te falta.

¿Conseguirás llegar a la cima
de esa montaña gris, áspera, solitaria,
de paisaje muerto y de hierba parda?

Si sueñas harás posible durante ese tiempo
mitigar la angustia,
calmar la inquietud del alma,
mirar con ojos distintos,
vivir con verde esperanza.

Podría ser que un día consiguieras tu sueño
y volviera la alegría,
al estar cerca de quien amas.

Revivir el amor

En el pozo de tus hermosos ojos
busqué el brillo de la bella luna,
apareció una estrella por fortuna
llevándose de pronto mis enojos.

Quiero besar siempre tus labios rojos;
mas, debo esperar la hora oportuna.
Si manifiesto emoción alguna,
pondrías en tu corazón cerrojos.

Enamorarte de nuevo pretendo
antes de que se acabe el embrujo
de la noche entre luces de farolas.

Nuestro amor se consigue reviviendo
momentos felices, con el influjo
de brillos plateados en las sombras.

Por eso sueño

Hace tiempo soñé con ser gaviota
para poder estar cerca del mar,
adentrarme en su cuerpo y refrescarme,
después, alzar el vuelo y remontar
las crestas furiosas de las olas,
las redes de los barcos al faenar
y, estar a salvo de todo lo que impide
ser libre para poder soñar.

Y fui gaviota blanca en la playa;
en la arena se marcaron mis huellas.
Volé sobre aguas tranquilas;
fui capaz de olvidar las tristezas.

Renací en mis sueños siendo pez
nadando en aguas transparentes,
me adentré sin miedo
en ríos caudalosos y luché
no dejándome llevar por la corriente.

Seguía siendo libre,
feliz me sentía.
En mis sueños lograba la paz y la alegría.
Por eso soñaba.
Y sigo soñando cada día.

La cometa

Se dejó llevar por el deseo de volar muy alto
entre águilas majestuosas
y colinas escarpadas en un panorama inédito.
Creyó ser tan especial…
que olvidó las manos que, con amor, la hicieron
y la adiestraron dulcemente en sus primeros vuelos.

La cuerda se rompió de pronto.
Y, el viento impetuoso la llevó tan lejos
que no puede volver,
aunque quisiera hacerlo en estos momentos.
También tiene miedo.
Piensa:
¿Qué harán conmigo?
¿Y si no consigo encontrar las manos
que tanto me amaron y me construyeron?

La duda acecha y confunde a quien osó separarse
buscando emociones en laberintos inciertos.
No entiende que, quien ama,
siempre está esperando un nuevo comienzo.

Por ello, el corazón y las manos sueñan,
al mismo tiempo que gozan tejiendo
con hilos dorados una nueva cuerda
que sirva para unirlos tras el deseado encuentro.

Quédate, primavera

Dulce primavera que matizas
los colores de las flores a tu paso
y juegas con el agua, con la hierba,
en las riberas de los ríos
que corren mansamente por sus cauces.

Traes la brisa juguetona
entre las ramas vestidas de colores
donde se posan las aves con sus cantos.

Muéstranos a todos la fiesta del amor,
el transcurrir plácido de las horas con risas contagiosas,
los primeros rayos del sol, alejados de la niebla,
que acarician la piel y la conforta.
.

¿Qué te falta primavera hermosa?
¿Por qué huyes con ligero paso?

Quédate perenne en este hermoso prado.
El verano secará la tierra y la hierba será sólo pasto
dorado por el sol ardiente del mediodía,
los lirios también perderán frescura
y morirán en un agreste campo.

¡Quédate, primavera hermosa,
no te vayas de mi lado!

Entre sueños

Acaríciame agua de lluvia fresca
en la mañana de este insólito verano,
acércate, silencio y sé mi acompañante
en este duro espacio de tiempo,
donde mi alma camina ciega por el cansancio
al buscar el amor perdido tras muchos años.

Fe, préstame la inocencia de un niño para creer
que sigue amándome en la distancia como yo quisiera
y descansar en la esperanza de que ya se acerca.
Álzame en tu vuelo paloma mensajera,
llévame en tus alas donde mi amor me espera.

Todos los días sueño
con volver a contemplar su rostro,
con sus hoyuelos marcados,
con su mirada tan tierna como la flor temprana
que en la noche abrió sus pétalos
y, en la mañana, se queda para siempre en el jardín
junto a las manos que la aman,
la riegan con palabras que enternecen,
que disipan la ansiedad y que la calman.

Aquí sigo esperando, acrecentando mi paciencia,
entre sueños que mitigan el dolor por esta ausencia.

Esta noche no quiero

Esta noche no quiero
pasarla con penas ni llantos,
pienso dejar a mi mente libre,
alejar la tristeza,
imaginando un hermoso prado
donde haya amapolas, un pequeño río
y trigo dorado.

Esta noche no quiero perpetuar mi llanto.

Habrá estrellas que harán guiños,
me hablarán en silencio, muy despacio,
con sus destellos de luces
y estelas plateadas, bailando,
ante el fondo oscuro de un gran escenario.

Esta noche no quiero nada
que me traiga el llanto.

La música me hará compañía
y, el gnomo de los versos,
traerá unas páginas en blanco
donde escribir palabras, esas,
que salen de mis adentros
haciendo camino al ánimo.
Sé que me estará buscando
con ganas de hacerme feliz
aunque sea por un rato.

Esta noche no quiero perpetuar mi llanto.

Buscando

Feliz, alegre… bailas mariposa,
con tus alas de seda vas volando,
variedad de colores vas mostrando
en dibujos por manos primorosas.

La belleza de las flores más hermosas
en su vuelo disfruta contemplando,
pensativa y absorta va buscando
la fragancia y aroma de la rosa.

Le hablaron del peligro de acercarse
y quedar prisionera en el rosal.
Las espinas hacen daño sin pensar.

En su intento no quiere lastimarse,
sólo alcanzar el goce universal
de olerla y sus pétalos besar.

A la sombra

A la sombra se sienta,
bajo el rugoso árbol del antiguo puerto.
Pensativo, la mirada perdida,
la verdad escondida en su pensamiento.

¡Quién supiera lo que oculta su mente
 y su corazón cansado en este momento!
¿Qué le perturba?
¿Qué misterio esconde tras ese sufrimiento?

Es difícil descorrer el velo del dolor
cuando los nudos no se desatan,
porque se convirtieron, misteriosamente, en eternos.

Sabe que existes,
que no eres un débil sueño.
Sabe que perdió,
pero… invisible en su ser habitas,
en el recuerdo.

Sabe que existes
y que no eres tan solo un sueño.

Espíritu huracanado

El espíritu se transforma en huracán,
sin riendas que controle sentimientos,
no existen palabras ordenadas
que muestren la verdad de aquel amor
que camina solitario en el desierto.

Creció libremente sin probar
el amargo sabor de la existencia
y no sabe qué camino escogerá,
sólo pretende llegar a un oasis de paz
donde no pueda lastimar con su violencia.

Los colores se funden en el aire sin quererlo.
Las frases vuelven a tener sentido.
La calma viene a visitarlo.
El espíritu se alegra y se hace amigo
de la razón que ha podido doblegarlo
cuando el amor ha vuelto arrepentido.

El amor inunda cada día nuestro espacio.
El amor viene
y… se va con el olvido.
El amor puede ser egoísta y solitario.
El amor es perfecto…compartido.

Ella

Sus huellas no se borraron
en la arena por el viento.
Sus huellas no se esfumaron
con la lluvia de mis ojos.
Sus huellas quedaron grabadas
en mi retina. Imágenes
que para siempre guardo como un tesoro.
Sus palabras, llenas de amor,
escritas en mi mente se quedaron.

Su sonrisa… ¡Ay! su sonrisa,
tierna y tímida en sus labios.
Su figura era armonía,
su pelo… trigo dorado,
ondulado por la caricia del viento
en tardes de añorados veranos.

Bella por dentro y por fuera.
Bella y derrochando encanto.
Hierba fresca su mirada,
granada sus lindos labios.

¡Ay, qué daría Dios mío,
por que estuviera a mi lado!

La vida

¡Qué difícil y variada es la vida!
Unas veces…tan triste.
Y otras, tan divertida.

Te rodean de atenciones por momentos,
después, se olvidan de ti.
Se deshacen en alabanzas
y, muy cerca, están las críticas por venir.
Apreciarán tus méritos, tus valores, tus ganancias…
mas, ¡quién sabe si caerás pronto en desgracia!

La alegría y los dolores se entremezclan.
Los éxitos y los fracasos se acompañan
con mañanas llenas de luz
y oscuras noches… de desesperanza.

Armonizar quiero los tiempos.
No todo serán tinieblas,
tampoco, hay que dejarse deslumbrar en la bonanza.

Deslizarme alegre por la ladera del monte pudiera;
Pero, seguir el angosto camino
y conseguir la meta con mi esfuerzo…
también, quisiera.

En la ciudad

Urbanitas con prisas en la mañana.
Hileras interminables de hormigas
fijando su existencia en la rutina.
Ruidos de máquinas pululando
aquí y allá, arriba y abajo,
entre ecos que se diluyen
al compás de los pasos.
La mente atenta, inquieta, expectante…
imposible soñar en este instante.

Levanto la mirada.
El cielo, azul grisáceo.
No hay sol, ni nubes, ni pájaros volando.
Pronto estaré metida
entre paredes blancas y techos bajos.
La ventana será mi aliada.
De vez en cuando, me asomo
aunque sea por un rato.

Desde allí me pierdo…soñando,
contemplando las ramas del viejo árbol
y, escuchando los trinos que van llegando
de pájaros cantores, mezclados con aromas frescos
que el mecer de las hojas va dejando.

Mi universo se detiene… estoy gozando.

Una hoja

En otros momentos me sentí
árbol, gaviota, pez, amapola,
algodón de caramelo,
río transparente, roca.
Hoy, en mi otoño, soy hoja.

Entre otras muchas, formo parte
de una frondosa copa de un árbol viejo
capaz, aún, de dar sombra.
Juntas nos reímos, nos abrazamos,
hablamos de nuestras cosas.
El viento amable nos hace cosquillas
y nos permite besarnos a cualquier hora.
El pedúnculo sigue fuerte unido a la rama,
la vida continúa tras cada ocaso y aurora.

Sólo le pido al amigo viento que no se violente,
que con mal humor no se presente.
Y al otoño… que sea largo,
que no tenga prisas por dejarnos.
El invierno es frío, desapacible,
incierto, gélido, solitario.
Quiero seguir disfrutando de besos cálidos.

Esperaré, sin prisas,
a que todo cuadre,
para ser alfombra ocre,
y al final … ser aire.

Goza el alma

El corazón alegre en la mañana
trae palabras llenas de hermosura
aleja el llanto, colma de frescura
y, al espíritu fatigado sana.

Camina feliz por la tierra llana
buscando a su alrededor ternura,
se aleja de la noche oscura
y en su esfuerzo por conseguirlo gana.

Goza el alma por todo lo que encuentra
al poder trabajar con ilusión
aprisionando todas las tristezas.

La alegría sutilmente se adentra,
aleja del alma la confusión,
aumenta la autoestima y fortaleza.

Sin paraíso

Se acostumbran los ojos.
Se acostumbran.
Imágenes a diario en la pantalla.
Se acostumbran.
Misiles al aire,
negro y gris… el cielo,
casas destrozadas,
niños despiertos en la negra noche,
llorando en la calle.
Sin nada.
En el suelo.
Madres, a su lado, que no tienen consuelo.
Padres… en batallas que no empezaron ellos.

Se acostumbran los ojos.
Se acostumbran al desconcierto.

¿Quién de ellos no ha soñado
con tener el paraíso de nuevo?
Su paraíso de hogar,
de paz, de alegría y de juegos
donde las caras de niños
sean …las de ángeles del cielo,
sonriendo, cantando, jugando…

Y riendo, siempre riendo.

Soñaré con ella

Este año no puedo ir a la feria.
Este año no puedo.
¿Qué haré sin ella?

Colgaré farolillos,
Pintaré casetas,
Bailaré sevillanas,
tocaré castañuelas,
y cantaré en mi casa
todo lo que quiera.

Este año no puedo ir a la feria.
Este año no puedo.
Soñaré con ella.

Me imagino de noche el alumbrado.
Parece el día.
Me pondré mi traje rojo de volantes,
montaré en un hermoso carruaje
que me llevará a esas calles
donde el colorido y la gracia
van mezclados haciendo arte.

Este año no puedo ir a la feria.
Este año…
tan sólo puedo soñar con ella.

Volvió la alegría

La alegría apareció de pronto.
Vino para quedarse.

Hace un tiempo que se escondió, queriendo,
en esos sitios oscuros, siniestros, extraños,
donde antes nunca estuvimos ni visitamos.

La alegría ha vuelto,
la tengo a mi lado.
Es de nuevo mi amiga, mi compañera.
La beso, la abrazo,
le digo te quiero,
que estaba esperando
volver a tenerla por siempre en mis brazos.

Y ella sonriente, con miel en los labios,
me dice que se fue
porque yo pasaba de largo, la ignoraba
y la despreciaba en tiempo y espacio.

Se fue con el sol, con la flor,
con la música y el canto.
Nada dejó para mí,
ni siquiera una nota, explicando,
que no estaba largo.

Se escondió en un pozo oscuro,
inhóspito, amargo…esperando
que yo la encontrara
cuando se secaran mis ojos del llanto.

Continuó diciendo…
que estaba siempre atenta
para venir en el momento oportuno
y cuando la estuviera llamando,
al instante saldría contenta y cantando.

Ahora vuelvo a ser feliz con ella.
Viviendo y soñando.

Poco hace falta

No hacen falta palabras complicadas
para decir lo que siente el corazón.
Una mirada, una sonrisa y un te quiero,
son suficientes.
Lo dicen todo.
Si van cargados de ilusión.

Al mirar, brillan los ojos,
la sonrisa hace dulce la expresión
y, las palabras…
solamente dos palabras …
cuando están llenas de amor.

Tierra sedienta

Sedienta de agua,
la ciudad, hoy, mira al cielo.
Gris y negro el horizonte
fundido entre rascacielos.
No hay azul, ni blanco,
ni rayos de sol que asoman.

Ojos que miran y miran
Anhelos que en el aire vuelan.
Gotas de lluvia que caen.
Son unas pocas... dispersas.
Ni tiempo ha dado a mojarte.
¡Oh, seca y quebrada tierra!

Con ansias esperan la lluvia,
es la invitada perfecta.
Y, rezando todos piensan
que no se haga de rogar,
que llame temprano
a la puerta de la fiesta
que tenemos preparada para su vuelta.

Sedienta de agua sigue,
la ciudad sigue sedienta,
la esperanza se diluye,
el calor y el sol acechan.
La fiesta se ha suspendido...

¡Quién sabe cuándo la lluvia

estará otra vez dispuesta
a saciarnos con el agua,
oro puro, en estas fechas!

Vivir y vibrar

Vivir no es lo mismo que existir.
Vivir es dar
y con tu entrega…vibrar.

La piedra existe; pero, ¿vive acaso?

Vibrar es sentir emociones cada día,
reír a carcajadas,
llorar por empatía entre la gente.
No tener miedo a la niebla,
ni en tu interior, al ir contracorriente.

Es cruzar a nado los ríos,
atravesar débiles puentes,
caminar por calles oscuras,
arriesgarse al viaje incierto,
ir ligero de equipaje,
aguantar la tormenta, el viento,
camuflarse entre el paisaje,
soñar con ser pájaro, nube, sol, ocaso…
Volver a empezar tras un fracaso.

Vivir es amar, sentir, soñar, recordar … vibrar.

Pasos

Paso tras paso.
Huella tras huella.
Siempre caminando por esta vereda
de esfuerzo y trabajo,
de gozo y de pena,
de risa y de llanto
sin pensar siquiera
que siempre no gana
el que más se esfuerza.

Pasos ligeros, alas que vuelan,
pasos cansados...
quedaron parados al faltar la fuerza.

Pasos acelerados,
casi son carreras.
Las prisas los llevan
a sitios que nunca pensaron que irían
y que ahora recuerdan.

Pasos serenos, pausados,
quedaron marcados
con huellas profundas
en aquella tierra abonada por otros,
tan fértil, tan buena...
que algunos pies irán tras ellos,
porque libremente lo decidan,
y nos dejarán sus huellas.

Quiero escribir mi sueño

Quiero soñar y escribir mi sueño.
Así dicen que se cumplen los anhelos.
Soñar cada día,
tenerlo siempre presente en mi pensamiento,
para que la mente lo lleve al aire
y, con la corriente, lo mueva el viento.

Que todos sepan,
que quiero un mundo sin guerras,
sin hambre, sin pobreza, sin miedos…

Que el mundo sepa,
que sueño con alegres niños jugueteando y riendo.
Los mayores, dedicando el tiempo
a trabajar en firme,
a respetar los tiempos,
a repartir amor
y a compartir los sueños.

Que sueño con la lluvia amiga
que riegue los campos, con tal acierto,
que sea la tierra … amable, de verdes paisajes,
con espacios múltiples de vida y de encuentro
donde la gente hable de sus emociones,
de sus sentimientos,
de lo que hace falta en este mundo nuestro.
Que el odio se vaya
y, la paz gobierne con justicia,
armonía y sin sufrimiento.

Mientras camino

Mientras vivo… voy soñando
con caminos de mi tierra.
Imposible andar por todos,
por eso, sueño despierta
y le digo a Andalucía
que me acompañe y no duerma.
Y le hablo despacito, con la cara muy risueña:
Mira, contempla.
Flores jóvenes han nacido
en los jardines de tu preciosa primavera.
Sonríe conmigo.
Ya era hora de eternizar tu sueño.
¿Acaso creías que no germinaría en ti la buena
simiente?
Ellas son lo que esperabas.
Sonríe conmigo y baila contenta.

La luna en la noche baja
y se pone a caminar.
Quiere dar luz a las sombras
y así poder alumbrar a todo aquel caminante
que la quiere visitar.
El embrujo y el encanto son dos turistas más.

Caminando por mi tierra
te puedes enamorar
de su gente, su folklore,
de su paisaje sin par
y, mientras haces camino,
te da tiempo de soñar.

La palabra y el poeta

La palabra fue creada.
Seres de luz la dejaron en las manos del poeta.

Y él, con mil amores,
la adornó de color y fantasía,
le prestó la esencia y la belleza de las flores.
Le insufló el alma y pudo plasmar
sentimientos, vivencias, sueños, emociones…
Le regaló la musicalidad y el ritmo.
Y el viento, presto, con sus diligentes alas
exhortó a los trovadores:
Llevadla por todo el mundo
que la gente se enamore de la palabra
que hilvana el poeta
con hilos de plata de luna,
con hilos dorados de soles.
Haced alegrar los tiempos de tristeza
con sueños, que nos provoquen
risas, sonrisas, algarabía, canciones
al igual que alegran los campos
los trinos de ruiseñores.

Magnífico mago el poeta,
adentrándose en su alma, de hombre,
se desahoga, se sumerge en aguas profundas,
limpia manchas, tira lo que no sirve y entonces…
El espíritu renace nuevo
como flor de azahar en cada primavera,
mostrándonos sus albores.

Canto a la lluvia

Tintinea la lluvia
en mi ventana.
Agua fresca de mayo
por la mañana.

Aguacero sonoro
lleva tu canto
a los campos que gritan
desesperados.

Nubes grises se acercan
a la pradera.
No paséis de las lindes
hasta que llueva.

Rayos, truenos, granizos
calmad el alma.
Convertíos en fuente,
cantad al alba.

La pradera está llena
de colorido.
Gracias doy a la lluvia
porque ha venido.

Pero… no tardes mucho.
No desesperes
a esos campos de trigo
que el aire mueve.

Vivir el presente

No quiero pensar en el futuro incierto del mañana.
Me gusta despertar en el presente
y deleitarme con cada nueva aurora
que trae luz radiante lentamente.

Me gusta ver la realidad,
coger tu mano,
y rechazar el rincón donde está el miedo.
Sólo quiero que seas tú la suave lluvia
que acaricia con ternura mi cabello.
No pretendo de ti nada…
tan sólo que te cuides,
que sigas a mi lado, compañero
que no falten las sonrisas en tus labios
ni las flores con las que dices te quiero.

Los sueños siguen nuestros pasos,
prefieren no quedarse quietos.
El reloj marcando las horas continúa…

Y sigue sin inmutarse la vida
que no se acostumbra al tedio.
Prefiere huir de la monotonía,
Siempre buscando aventuras en nuevos intentos.

El silencio lo llena todo

Cuántas veces la vi sentada,
ensimismada en la labor diaria
tejiendo con sus manos delicadas,
hilvanando alguna prenda,
deshaciendo algo que bordaba,
haciendo flores de cadeneta…
Cansada y perdida en el recuerdo
de aquel amor que se desdibujó en el tiempo
por la lejanía y el silencio.

Ahora el silencio lo llena todo.
El patio con sus naranjos,
la fuente de agua… seca,
la casa vacía, hueca.
No hay palabras enredadas
de labios que ataron
frases de amor y deseo
entre olores a lavanda y a romero.

No hay suspiros que despierten al corazón dormido.

El ocaso pinta el cielo descolorido en la tarde,
la melancolía y el silencio se abrazan, van unidos.
Se han hecho buenos amigos.

No hay tan siquiera…
un suspiro que despierte al corazón dormido.

Ocaso o Aurora

No sabría qué elegir
entre el ocaso o la aurora.
No sabría qué elegir
porque ambos me enamoran.

El albor en la mañana,
despertar de un nuevo día,
la luz caminando, lenta,
al tiempo que nos invita
a contemplar los colores de la vida.
Luz alzándose entre montes
irradiando magnetismo y alegría.
Luz que poco a poco aleja las tinieblas
y nos muestra el esplendor del valle,
el transcurrir del agua, transparente,
con el primer rayo de sol naciente.
Pájaros cantores subidos a las verdes ramas
de los chopos, los eucaliptos, las encinas …

No puedo prescindir de ver tal belleza
en nuestra naturaleza viva.

Y atardeceres…

¡Cuántos habrán visto mis ojos!

En los campos, en el mar, en cualquier lugar.
El sol majestuoso y algo cansado por las horas,
lentamente se despide de la tierra;
pero, la luna se acerca con ganas
de ser la dueña y señora de la noche y de la fiesta.

El horizonte se viste de colores diferentes cada día.
Si hay grises…
Inunda el paisaje de melancolía.
Si está alegre…
Hay fiesta en el poniente.
Violetas y anaranjados, los trajes de los invitados.
El anfitrión se presenta entusiasmado.

Estalla el espectáculo a la hora de despedirse
¡Qué sensible el sol!
Los reflejos hacen que se ponga sonrojado.

Y, desde la lejanía,
intento ser un mago
queriendo aprisionar al sol
como bola ardiente entre mis manos.

Me fijé en su mirada

Me fijé en su mirada.
Esa mirada baja, suspendida
en las oscuras algas liadas
con las viejas rocas del cercano acantilado.
Aprisionándolas.

Me fijé en sus pupilas negras, pequeñas,
con ganas de observar
todo lo grande o pequeño que existe.

Su semblante sonriente parecía
mecerse al compás de las olas,
quizás, esperando subirse a una cresta agitada
que la sumerja en el agua
o la eleve a los brazos del aire como una gaviota.

El mar, el cielo, las nubes, la arena, las rocas…
sus espacios preferidos
donde el espíritu encuentra su calma,
donde no se ahoga,
donde su mirada la lleva al infinito.

Y el arco iris…
como un regalo,
en el ocaso asoma.
Paleta de colores dorados por el sol.
Nubes dispersas alrededor.

Todo belleza, todo emoción.

Un día más

Desde la cima suave de una loma observo
un nuevo amanecer indeciso y medroso.
Brota tenue la luz entre los lejanos montes
y en el horizonte, vagamente borrado por la bruma,
parecen fundirse en abrazo permanente
la tierra y el cielo.

Dorados reflejos de encaje
lentamente colorean el bosque, la llanura, la loma.
El pueblo cercano va despertando,
el viento traslada ecos de ruidos extraños.

El astro se eleva
y la rutina impera en las casas,
en las calles, en los campos, en el pueblo.

Un día más de sueños y desencantos
para quienes se afanan e ilusionan.

Un día más para la esperanza
del que anhela la promesa no cumplida.

Un día más para, mientras gira el astro,
disfrutar las horas compartidas.

Un día más anhelando
la paz universal en nuestras vidas.

Hoy me he perdido

Hoy me he perdido en el bosque de los sueños.
No hay caminos.
No hay senderos.
Alfombra roja, ocre y amarilla interminable.
Húmeda y desabrida entre la bruma
y, el viento que silba entre las ramas
provoca ruido. Se ha ido la calma.

El gnomo de la alegría
se llevó el verdor de las hojas,
la sinfonía de los mirlos y los jilgueros,
la calidez de los besos del sol en primavera,
las flores de colores y sus fragancias,
el azul intenso del inmenso cielo.

Es otoño.
Por eso me he perdido.
Atrapada estoy entre árboles gigantescos.
Me dan miedo.
Tapan el horizonte.
Si hay camino… no lo veo.
¿Qué hago?
¿Llamo al gnomo del amor? ¿Al del tiempo?
¿Al de la amistad o al de los sueños?

Conozco al gnomo del amor
y siempre estará dispuesto
a cogerme de la mano y a buscar
el camino acertado de este laberinto
en el que hoy me encuentro.

Siempre me dice:
Llámame cuando quieras
que dejo lo que esté haciendo
para fundirme en tus brazos,
para gozar con tus besos,
para buscar la alegría,
para endulzar las palabras
que llegan a ese corazón inquieto
y necesita escuchar que todavía te quiero.

Lo llamaré.
Sin dudarlo.
Es el momento oportuno.
Es el momento.

Me encontré una flor

Busqué una piedra blanca en la ribera,
encontré, sin buscar, una preciosa flor,
con ella adorné mi pelo negro
y ella nos regaló su olor.

Su perfume embriagó nuestros sentidos,
su calidez me emocionó,
sus pétalos aterciopelados me hicieron recordar
la primicia de los besos por amor.

Besos suaves como la brisa del viento.
Besos dulces, de néctar, inesperados…
Todos puros, nacidos del corazón.

Sueño de realidad

A veces me pregunto
si es un sueño el poder estar aquí,
sobre la arena de esta playa
que me acoge cada día,
a cualquier hora, en el verano.

Perfecta…
cuando el mar es azul intenso
y, dorados reflejos iluminan las crestas de esas olas
que se funden en vaivenes de ida y vuelta.

Pienso en voz alta y repito:
Es un sueño de realidad que se cumple.

Siempre, en la mañana, vengo a verla.
Ella, la mar, me espera tranquila,
yo me acerco alegre y risueña.
Tras darle los buenos días
me abre su inconmensurable puerta.
Paseo a su lado,
y, después… sin ningún remilgo,
me adentro en ella.
Me deja en la piel su olor especial,
a sal y algas marinas, revueltas.

Mi amigo sol me acaricia
mientras me dejo llevar
por los susurros de voces
y la sinfonía del mar.

Para G. A. Bécquer

He vuelto a releer para encontrarme
con la rima sonora de tus versos.
He vuelto a releer y a deleitarme
con palabras que llenan mis recuerdos.
He vuelto a releer para poder saborear
el encanto de los años que pasaron
y …que no han vuelto.

Tus versos quedaron marcados en mi memoria.
Aún puedo recitarlos.
Con ellos me atreví a seguir tus pasos,
con ellos pude iniciar ese excitante deseo
de plasmar en hojas de papel en blanco
aquello que aflora desde mis adentros.
Son las emociones.
Son los sentimientos,
los sueños que aparecen mientras vivo,
y, ¿por qué no?… los miedos.

Ahora desde la madurez y la calma,
tras largo tiempo,
quiero darte, ante todos, las gracias
por aquel legado que dejaste
y permanece joven…

Porque el corazón no cambia:
ama, sufre, espera, siente.
Siempre será así…
aunque ni siquiera, lo intente.

Sin florilegio

Me ha visitado esta noche
el duende especial de los versos.
Dejó un cesto de bellas palabras,
florilegios, alegorías,
metáforas asombrosas…
Y más, que ahora no recuerdo.

Me pide que escriba poemas
que despierten sentimientos dormidos,
que calmen corazones inquietos,
que voces silentes hablen
y no congelen su alma ante el sufrimiento.

Poemas para el hombre que ama y ríe,
para la mujer que se entrega en todo,
para el niño que llora,
para la niña que sueña,
para el alma solitaria, perdida, inquieta…

Lluvia fina de primavera,
las palabras que riegan con amor y ternura
aquello que a su paso encuentran.

No hacen falta florilegios, ni metáforas complejas
cuando las palabras del corazón salen
destinadas a curar heridas
y, por azar, aciertan.

El sol y la luna

Entrando la medianoche
rebosa la fantasía.
Los sueños van desfilando
ahora que se marchó el día.

La luz del rayo de luna
hace de foco en la fiesta.
Al fondo, la oscuridad,
refulgentes, las estrellas,
constelaciones de astros
al son de la música llegan.
Luces de colorines hacen guiños por doquier.
Bailarinas plateadas y estelas anaranjadas
aparecen sonrientes.

¡Algarabía en la noche! Pero…

La luna se aburre.
Se la ve distante y sola.
Añora a ese sol altivo y radiante
que la enamora.
Espera expectante la hora del crepúsculo
donde se mezclan colores,
donde se cruzan por el camino,
donde se miran y tímidamente suspiran.

El sol y la luna sienten.
No pasan indiferentes.

Surtidor de agua

Junto a la vieja fuente del jardín
el arco iris juega a pleno día,
la nube y el sol hacen compañía
intentando que no llegue su fin.

Alborotada el agua cual delfín,
saltando va mostrando su alegría,
bailando con belleza y fantasía
se acompaña con notas de violín.

La alegría va unida a la ternura
de palabras que nacen y emocionan.
Surtidor de agua en el jardín.

A cualquier hora quita la amargura
la belleza de frases que enamoran
y el alma rechaza el dolor, al fin.

Recuerdos de la niñez

La mente se despreocupa de las historias.
Algunas, siguen perdidas
y entretenidas con otras cosas.

Inesperadamente llaman a la puerta.
Ahí están…los recuerdos de la niñez
y te preguntas:
Ahora, ¿por qué?

....

Historias de princesas con vestidos de papel.
Fucsia, el color.
Lazos enormes, dando encanto
a la ocasión de hacer teatro…
Sin escenario.

Jardín fresco en una tarde de verano.
Niños y niñas jugando,
interpretando, cantando…
Toda una ovación llega.
Saludos y sonrisas quedan.

La niña tenía un jilguero.
Se escapó de la jaula
alzando el vuelo.

¡Qué pena!
Decía la niña que no lo veía.
¿Dónde se habrá ido a plena luz del día?

La jaula quedó en el balcón.

¡Qué suerte! ¡Qué suerte!
El jilguero volvió a la mañana siguiente.

....

Un columpio de soga,
un sillín de madera
en el *doblao* de la abuela.

Al atardecer…
El trillo, sobre el trigo dorado en la era
y las moras, en las zarzas…negras.

En la noche, el cielo estrellado,
mirándolo desde el patio oscuro de la casa,
abierta la puerta, para quien quiera pasar…

Alguien pasa y se sienta.

En el centro, el cinamomo
con sus pequeñas flores lilas,
esparciendo su intenso aroma en todo el patio.
El árbol del paraíso.

Y, desde lo alto…
divisa el cielo,
la torre de la vieja iglesia
y, el campanario
con un nido de cigüeñas
que lo están mirando.

Ufano y contento estira su tronco,
y alarga los brazos.
Erguido, derecho…
Así lo recuerdo.
Mas, siempre…solitario.

……………………………………………..

Entre sol y sombra la niña jugaba,
la niña cantaba.
Era la alegría de quien paseaba y la saludaba.
En una silla pequeña, la niña sentada
bordaba una media luna y una linda flor
que su madre dibujó para bordar a bastidor.

Puntadas pequeñas, grandes y medianas.
La niña siempre sonreía,
mientras distraída, bordaba y cantaba.

El diábolo bailando en la cuerda,
cuando lo lanzaba al aire… subía y subía
y siempre lo cogía.
El *hula hoop* dando vueltas
al son de la música adecuada.
Los patines no paraban,
rodaban por aceras y calles asfaltadas.
Los niños reían,
corrían,
competían,
jugaban al aire libre cada día.

No había ejercicio mejor
que dar rienda suelta a la imaginación.

....

La niña observaba desde la escalera
a muchas hormigas andando en hilera.
Curiosa, la niña, se acercó a verlas,
se sentó en la hierba…
Y las hormiguitas subieron por su pierna.

La niña asustada gritó.
¡Vaya el susto que se llevó!

La comba, en la escuela,
saltando la cuerda.
Y, mientras saltamos
una canción vieja
acompaña a los saltos
al ritmo de ella.

El cochecito, lerén....

Cantamos canciones,
salimos y entramos
canciones de reina,
de barca y de mares.

Al pasar la barca me dijo el barquero...

El viento viajero

El viento viajero me ayuda
a seguir la ruta de los sueños.
Sueños que golpean inquietos en la mente
y no cesan en el empeño de lograr
lo que se anheló en otro tiempo.

En mi otoño, el viento,
se adentra en la niebla espesa
y la melancolía trae viejos recuerdos.

No puedo encontrar la puerta del laberinto,
donde, libre, el pensamiento
tiene por amigos a la nostalgia,
a la oscuridad y al sufrimiento.

El corazón, que sufre, exclama:
¡Está saliendo el sol!
¿Acaso no quieres ver a la bella aurora,
la reina de la mañana,
repartiendo favores en hora temprana?

No necesitas puerta.
Salta por la ventana.
Abre los ojos.
Sigue tu ruta.
Aguanta.
Sueña.

El despertar de una flor

La aurora sutil del nuevo día
te regala el color por tu belleza,
el aire fresco esparce el perfume embriagador
de tu piel de terciopelo,
esencia de pureza concentrada
en cáliz que arropa tus delicados pétalos.

Que nadie corte tu tallo,
que nadie me impida contemplarte en el lugar
correcto,
rodeada de árboles hermosos,
que dan sombra bajo el sol,
y arbustos tiernos.
Que nadie se lleve tu esencia
que cautiva mi corazón inquieto.

Siembra en mi alma palabras
para recordarte tal cual eres
y, cuando pase el tiempo,
tu belleza y encanto permanecerán conmigo
y se harán eternos…
como estos versos.

Tú pones la fuerza

Como teje la araña
su hilo en los rincones.
Así se forman los sueños
que a menudo se esconden.

Otros sueños se alimentan de la noche,
y con la luz se escapan en el día.
No hay confianza.
Tienen miedo de fallar
en el intento que se pretendía.

Cantos de sirena, objetivos no logrados,
cantos de un presente deseado.
La vida sigue con sus fracasos y sus anhelos.

Cada amanecer te ofrece y marca el camino
para echar a andar de nuevo.
Tú pones la fuerza.
Y el destino…
cumplirá o pondrá fin al sueño.

La espera

Las hojas del árbol caen, sin prisas, sobre mis
hombros
mientras gotas de lluvia se afanan en humedecer mi
cuerpo.
Las horas del día paso mirando al cielo,
caminando bajo la alameda,
desandando los pasos que, sin quererlo,
pretenden llegar a nuestra cita antes de tiempo.

La noche, recién nacida, no viene sola,
trae consigo su oscuridad, sus sombras.
Apenas una luz tibia se vislumbra
entre las hojas del alargado ciprés…
Te espero allí, a solas.

Soy sombra que se mueve silenciosa.
Sombra solitaria de la noche.
El alma, en el silencio, escucha el roce de unas ropas.
Mi corazón alegre y enamorado
salta de regocijo en mi cuerpo
y dice:

Llegó la hora.

Borda en tu memoria

Con el cabello suelto al viento,
la mujer perdida recobra la cordura.
La mente engañosa la llevó
a caminos perdidos en su memoria,
no queriendo entretejer ninguna historia.

Cestillos de blancas rosas atrajeron su atención.
La belleza y la fragancia de las flores
le mostraron imágenes que escondidas se
quedaron…
Sin razones.

Desde lejos una voz canta…
Y recuerda:
el agua del manantial bajando por la montaña,
los juncos en la ribera del pequeño riachuelo,
el camino estrecho…
Bajo la sombra de los sauces y el olor de las lilas,
la imagen de su rostro reflejada en el agua quieta y
transparente.

Así se van las mañanas y las tardes,
libres de ti, al olvido.
Borda bien en tu memoria lo que importa,
lo vivido con amor,
para recordar lo que has sentido.

Alejando el desconsuelo

En la bruma que habita entre mis sueños
brilló la luz violeta de la luna,
disipando la niebla y, por fortuna,
pretendo alcanzar nuevos empeños.

El azar y el día se hicieron dueños,
de conseguir las rutas oportunas,
no demostraron intención alguna,
de enturbiar, ni un momento, mis ensueños.

Cálidos atardeceres junto al mar.
Paisajes de verdor y de arboledas.
Caminos con luces desde el cielo...

Mientras sueño, en ellos quiero estar,
abrazarte con amor en la alameda
y volar... alejando el desconsuelo.

Los sueños... Sueños son

Aquí llego,
para soñar de nuevo
entre la luz difusa del rayo de luna
y el álamo que se eleva, majestuoso,
queriendo alcanzar ese cielo de estrellas refulgentes.

El aire fresco de la noche trae olores de eucalipto,
de lavanda y de romero
mientras la vida en el campo se adormila,
se acaba la rutina.

Los sueños, silenciosos, van llegando
envolviéndose de una luz azul y de misterios.
El viento alborota un poco mi cabello
y las hojas se abrazan sonriendo.

Los sueños invaden mi mente y la despiertan.
La mente procura poner gran atención.
Les pide tiempo para poder cumplirlos
y se van llenos de esperanza y de ilusión.

¡Quién sabe si se harán posible!

¡Los sueños... Sueños son!

HAIKUS

De primavera en Sevilla

Blanca la flor.
Azahar en Sevilla.
Esplendorosa.

Cantares suenan.
Saeta en la calle.
Es primavera.

Entre el gentío
Dios con su Cruz camina.
Morados lirios.

En mi Sevilla
casetas de arco iris
con farolillos.

Lleno el ferial.
Mujer, volantes, flores…
Arte al bailar.

Puente a lo lejos.
Reflejos sobre el agua.
Luz y belleza.

De Esperanza

Cantares llegan
que traen paz al mundo
en desconsuelo.

Sol entre nubes
disipando las sombras.
Abre caminos.

Palabras nuevas.
Como fresco rocío
en aire llega.

El suave viento
trae besos alados
desde muy lejos.

Cuida mi alma.
¡Oh, Dios del universo!
Hasta sanarla.

El duende viene
siempre en la madrugada.
Entusiasmado.

De la Naturaleza

Nubes de algodón.
Entre blancos y azules
vive el amor.

Lluvia que llega
para bañar los campos
en primavera.

Mar azulado.
El ocaso lo pinta
dorado y añil.

Sobre las flores.
Alas de mariposas
de arco iris.

Pétalos caen.
La tierra los acoge.
Acuna el aire.

Verde en el campo.
Mil alas cristalinas
volando bailan.

Árbol desnudo.
Descubierta su alma
en el invierno.

Alboreando.
La primavera pinta
otro escenario.

La tierra seca
esperando la lluvia
suplica al cielo.

Azul y verde.
Mezclados en las aguas.
Ya transparentes.

Gotas de agua.
La lluvia fina cae
en tierra fértil.

En los cristales,
tintineo de lluvia.
El sol no sale.

Semillas vuelan
sobre la tierra fértil.
Dulce la espera.

Del amor

Dibujo el día
con colores brillantes.
La alegría encuentro.

La mente en calma.
El corazón espera
cada mañana.

Tierna mirada.
En los ojos del alma
con esperanza.

Entre mi pelo
tus manos estremecen
todo mi cuerpo.

Ondean al sol
tus rizos caprichosos.
Dorado y fuego.

Entretejiendo
palabras encontradas
en los recuerdos.

En el ocaso
ausencia de colores.
Sin esperanza.

Una sonrisa
despiertas en mi rostro
cuando me miras.

Lágrimas caen.
En el tiempo se funden
con el paisaje.

No llora nadie.
Luz y amor en la calle
tomando el aire

Variados

Entretenida.
Cosiendo va la mente
palabras dulces.

La muerte llega.
Hábilmente se esconde
para no verla.

Con su alegría
repartía mil besos
en la mañana.

Levanta el vuelo.
Se posa en una rama
de la palmera.

Niños esperan.
Un balón en la mano.
Algarabía

ÍNDICE

Página

HAIKÚS